AF285162

# MASSIMO WOLKE
# FURZENDE
# PRINZESSINNEN
# DAS MALBUCH

# MASSIMO WOLKE
# FURZENDE
# PRINZESSINNEN
# DAS MALBUCH

Bibliografische Information der Deutschen Nationalbibliothek:
Die Deutsche Nationalbibliothek verzeichnet diese Publikation in
der Deutschen Nationalbibliografie; detaillierte bibliografische
Daten sind im Internet über http://dnb.dnb.de abrufbar.

(c) 2020 Massimo Wolke
Herstellung und Verlag:
BoD - Books on Demand, Norderstedt

ISBN: 978-3-7526-2482-3